NOUVELLE LÉGISLATION

DES

SALLES D'ASILE

RECUEILLIE ET ANNOTÉE

Par J. DELALAIN

IMPRIMEUR DE L'UNIVERSITÉ.

PARIS.

IMPRIMERIE ET LIBRAIRIE CLASSIQUES

De JULES DELALAIN

IMPRIMEUR DE L'UNIVERSITÉ

Rues de la Sorbonne, des Écoles et des Mathurins.

1855

LÉGISLATION

DES

SALLES D'ASILE.

On trouve à la même librairie .

PROGRAMME DES EXAMENS POUR LE CERTIFICAT D'APTITUDE de directrice et de sous-directrice de salle d'asile ; in-12.

LOIS SUR L'ENSEIGNEMENT des 15 mars 1850, 9 mars 1852 et 14 juin 1854, suivies des principaux règlements rendus pour leur exécution ; in-18.

LOIS SUR L'ENSEIGNEMENT des 15 mars 1850, 9 mars 1852 et 14 juin 1854, combinées entre elles et accompagnées de notes explicatives, par *M. J. Delalain ;* in-12.

ANNALES LÉGISLATIVES DE L'INSTRUCTION PRIMAIRE, Collection complète des lois, décrets, arrêtés, circulaires, décisions, etc., relatifs à l'instruction primaire, publiés du 15 mars 1850 au 1er janvier 1855, précédés des actes non abrogés par la loi du 15 mars 1850 , et suivis de tables chronologique et analytique ; 5 vol. in-8°. — L'année courante (1855) est publiée par livraisons mensuelles.

MÉTHODE ÉLÉMENTAIRE DE MUSIQUE VOCALE, mise à la portée des enfants à l'aide d'un nouveau mode d'enseignement, par *M. Duchemin-Boisjousse*, délégué spécial pour l'enseignement du chant dans les salles d'asile de Paris ; ouvrage prescrit pour les salles d'asile et autorisé pour les écoles primaires : 2e édition ; 2 parties en 1 vol. grand in-8°.

TABLEAUX ÉLÉMENTAIRES DE MUSIQUE VOCALE, à l'usage des salles d'asile et des écoles primaires, servant d'application à la Méthode de musique vocale prescrite pour les salles d'asile et autorisée pour les écoles primaires, par *M. Duchemin-Boisjousse* , délégué spécial pour l'enseignement du chant dans les salles d'asile de Paris ; 4 feuilles grand format.

NOUVELLE LÉGISLATION

DES

SALLES D'ASILE

RECUEILLIE ET ANNOTÉE

Par J. DELALAIN

IMPRIMEUR DE L'UNIVERSITÉ.

PARIS.

IMPRIMERIE ET LIBRAIRIE CLASSIQUES

DE JULES DELALAIN

IMPRIMEUR DE L'UNIVERSITÉ

Rues de la Sorbonne, des Écoles et des Mathurins.

M DCCC LV.

COMITÉ CENTRAL DE PATRONAGE DES SALLES D'ASILE

PLACÉ

SOUS LE PATRONAGE DE S. M. L'IMPÉRATRICE.

S. Em. Mgr le cardinal Morlot (C. ✻), archevêque de Tours, *président*.

M. Amédée Thayer (O. ✻), sénateur, *vice-président*.

M. Gustave Pillet (✻, I. ✿), chef de division au ministère de l'instruction publique et des cultes, *secrétaire*.

M. Doubet, *secrétaire adjoint*.

M. Lorain (O. ✻, H. T. ✿), recteur honoraire, président de la commission d'examen des salles d'asile du département de la Seine.

Mme la comtesse de Bar.

Mme Baroche.

Mme la duchesse de Bassano.

Mme Billaut.

Mme la duchesse de Cambacérès.

Mme Caussin de Perceval.

Mme Dumas.

Mme Duplay.

Mme la princesse d'Essling.

Mme Feray d'Isly.

Mme Fortoul.

Mme Achille Fould.

Mme Henriat.

Mme la marquise de La Grange.

Mme la baronne de Mackau.

Mme la baronne de Malaret.

Mme la comtesse de Montebello.

Mme Édouard Odier.

Mme de Parieu.

Mme la marquise de Pastoret.

Mme la comtesse de Persigny.

Mme la baronne de Serlay.

Mme Troplong.

Mme la baronne de Vareignes.

DÉLÉGUÉES

POUR L'INSPECTION DES SALLES D'ASILE.

Déléguées générales.

Mme Chevreau-Lemercier, déléguée générale.

Mme Doubet-Rendu, déléguée générale.

Déléguées spéciales.

Académie de Paris. — Mme Cauchois-Lemaire, déléguée spéciale.

Académie d'Aix. — Mlle Bovis, déléguée spéciale.

Académie de Besançon. — Mme Dantier, déléguée spéciale.

Académie de Bordeaux. — Mme Verdin, déléguée spéciale.

Académie de Caen. — Mlle Roche-Ripert, déléguée spéciale.

Académie de Clermont. — Mme Audcent, déléguée spéciale.

Académie de Dijon. — Mlle Geib, déléguée spéciale.

Académie de Douai. — Mlle Loizillon, déléguée spéciale.

Académie de Grenoble. — Mlle Hézard, déléguée spéciale.

Académie de Lyon. — Mme Badé, déléguée spéciale.

Académie de Montpellier. — Mme Millet, déléguée spéciale.

Académie de Nancy. — Mlle Didiot, déléguée spéciale.

Académie de Poitiers. — Mme Defly, déléguée spéciale.

Académie de Rennes. — Mme Nève-Marguery, déléguée spéciale.

Académie de Strasbourg. — Mme Réné-Caillé, déléguée spéciale.

Académie de Toulouse. — Mme Defitte, déléguée spéciale.

TABLE DES MATIÈRES.

LÉGISLATION

DES SALLES D'ASILE.

I.

Loi sur l'enseignement du 15 mars 1850 (Extrait).

Art. 57. Les salles d'asile sont publiques ou libres.

Un décret du président de la république, rendu sur l'avis du conseil supérieur[1], déterminera tout ce qui se rapporte à la surveillance et à l'inspection de ces établissements, ainsi qu'aux conditions d'âge, d'aptitude, de moralité, des personnes qui seront chargées de la direction et du service dans les salles d'asile publiques. Les infractions à ce décret seront punies des peines établies par les articles 29, 30 et 33 de la présente loi[2]. Ce décret déterminera également le programme

1. Voyez, page 8, le décret du 21 mars 1855, rendu en exécution de l'article 57.

2. Le texte des articles 29, 30 et 33 de la loi du 15 mars 1850 a été modifié en partie par la loi du 14 juin 1854. Voici ces articles avec l'indication entre ( ) des modifications faites :

« Art. 29. Quiconque aura ouvert ou dirigé une école en contravention aux articles 25, 26 et 27, ou avant l'expiration du délai fixé par le dernier paragraphe de l'article 28, sera poursuivi devant le tribunal correctionnel du lieu du délit, et condamné à une amende de cinquante francs à cinq cents francs. — L'école sera fermée. — En cas de récidive, le délinquant sera condamné à un emprisonnement de six jours à un mois et à une amende de cent francs à mille francs. — La même peine de six jours à un mois d'emprisonnement et de cent francs à mille francs d'amende sera prononcée contre celui qui, dans le cas d'opposition formée à l'ouverture de son école, l'aura néanmoins ouverte avant qu'il ait été statué sur cette opposition, ou bien au mépris de la décision du conseil [académique] (départemental) qui aurait accueilli l'opposition. — Ne seront pas considérées comme tenant école, les personnes qui, dans un but purement charitable, et sans exercer la profession d'instituteur, enseigneront à lire et à écrire aux enfants, avec l'autorisation du délégué cantonal. — Néanmoins, cette aude l'enseignement et des exercices dans les salles d'asile publiques, et tout ce qui se rapporte au traitement des personnes qui y seront chargées de la direction ou du service.

Art. 58. Les personnes chargées de la direction des salles d'asile publiques seront nommées par le conseil municipal, sauf l'approbation du conseil académique[1].

Art. 59. Les salles d'asile libres peuvent recevoir des secours sur les budgets des communes, des départements et de l'État[2].

torisation pourra être retirée par le conseil [académique] (départemental).

« Art. 30. Tout instituteur libre, sur la plainte du [recteur] (préfet) ou du procureur [de la république] (impérial), pourra être traduit, pour cause de faute grave dans l'exercice de ses fonctions, d'inconduite ou d'immoralité, devant le conseil [académique du département] (départemental), et être censuré, suspendu pour un temps qui ne pourra excéder six mois, ou interdit de l'exercice de sa profession dans la commune où il exerce. — Le conseil [académique] (départemental) peut même le frapper d'une interdiction absolue. Il y aura lieu à appel devant le conseil supérieur de l'instruction publique. — Cet appel devra être interjeté dans le délai de dix jours à compter de la notification de la décision, et ne sera pas suspensif.

« Art. 33. Le [recteur] (préfet) peut, suivant les cas, réprimander, suspendre, avec ou sans privation totale ou partielle de traitement, pour un temps qui n'excédera pas six mois, ou révoquer l'instituteur communal. — L'instituteur révoqué est incapable d'exercer la profession d'instituteur, soit public, soit libre, dans la même commune. — Le conseil [académique] (départemental) peut, après l'avoir entendu ou dûment appelé, frapper l'instituteur communal d'une interdiction absolue, sauf appel devant le conseil supérieur de l'instruction publique dans le délai de dix jours à partir de la notification de la décision. Cet appel n'est pas suspensif. — En cas d'urgence, le maire peut suspendre provisoirement l'instituteur communal, à charge de rendre compte, dans les deux jours, au [recteur] (préfet). »

1. La disposition de l'article 58, qui attribuait aux conseils municipaux la nomination des personnes chargées de la direction des salles d'asile publiques, a été successivement modifiée par l'article 4 du décret-loi du 9 mars 1852, et l'article 8 de la loi du 14 juin 1854. Il résulte du texte combiné de ces deux articles et de l'article 23 du décret du 21 mars 1855, que la nomination des directrices de salles d'asile publiques est faite maintenant par le préfet, sur la proposition de l'Inspecteur d'académie (voyez page 19).

2. Dans son rapport à l'assemblée législative, M. Beugnot avait dit : « Nous appelons de tous nos vœux le jour où il sera possible « d'imposer à chaque commune l'obligation d'avoir une salle

II.

Décret impérial plaçant les salles d'asile de l'enfance sous la protection de l'impératrice (16 mai 1854).

NAPOLÉON,

Par la grâce de Dieu et la volonté nationale, empereur des Français,

A tous présents et à venir, salut :

Sur le rapport de notre ministre secrétaire d'État au département de l'instruction publique et des cultes,

Considérant que les salles d'asile contribuent de la manière la plus efficace au bien-être moral et physique de l'enfance, partout où les familles demandent leurs moyens d'existence à des travaux qui les éloignent nécessairement de leur domicile;

Voulant contribuer au développement d'une institution si utile à la partie la moins aisée de la population de l'empire, et donner en même temps à l'impératrice Eugénie, notre chère et bien-aimée épouse, une preuve particulière de notre affection,

Avons décrété et décrétons ce qui suit :

Art. 1er. Les salles d'asile de l'enfance sont placées sous la protection de l'impératrice.

Art. 2. Notre ministre secrétaire d'État au département de l'instruction publique et des cultes est chargé de l'exécution du présent décret.

Fait au palais des Tuileries, le 16 mai 1854.

NAPOLÉON.

Par l'empereur :

Le ministre secrétaire d'État au département de l'instruction publique et des cultes,

H. FORTOUL.

« d'asile. » En attendant ce moment, la loi a cherché à faciliter la fondation de ces établissements, en mentionnant que les salles d'asile libres peuvent recevoir des secours sur les budgets des communes, des départements et de l'État. La loi n'impose également aux départements aucune obligation pour le recrutement si important de bonnes directrices de salles d'asile ; mais le gouvernement a créé à Paris un cours pratique des salles d'asile, qu'une instruction ministérielle du 19 août 1850 recommande d'une manière spéciale à l'attention des préfets et des conseils généraux.

III.

Décret impérial portant institution d'un comité central de patronage des salles d'asile et nommant les membres de ce comité (16 mai 1854).

NAPOLÉON,

Par la grâce de Dieu et la volonté nationale, empereur des Français,

A tous présents et à venir, salut :

Sur le rapport de notre ministre secrétaire d'État au département de l'instruction publique et des cultes,

Avons décrété et décrétons ce qui suit :

Art. 1er. Un comité central de patronage, placé sous les auspices de l'impératrice, est institué près le ministère de l'instruction publique et des cultes, pour la propagation et la surveillance des salles d'asile en France.

Art. 2. Le comité central de patronage donnera tous ses soins à la propagation des salles d'asile ;

Il veillera au maintien des bons procédés d'éducation et de premier enseignement dans ces établissements ;

Il proposera les mesures propres à en améliorer le régime ;

Il donnera son avis sur les livres ou objets qui pourront y être utilement employés ;

Il recueillera et distribuera les offrandes qui lui seront faites pour l'entretien des enfants pauvres admis dans les salles d'asile ;

Il distribuera, dans le même but, la subvention qui sera mise chaque année à sa disposition, sur les fonds de l'État, par notre ministre de l'instruction publique et des cultes ;

Il pourra être appelé à donner son avis sur les concessions de secours demandés à l'État pour l'établissement et l'entretien des salles d'asile, et recevra communication des rapports des inspecteurs et des déléguées générales.

Art. 3. Chaque année, notre ministre de l'instruction publique et des cultes présentera à l'impératrice un rapport du comité central de patronage, constatant la situation et les besoins des salles d'asile en France.

Art. 4. Le comité central de patronage des salles d'asile est composé ainsi qu'il suit : S. Ém. Mgr le cardinal Morlot, archevêque de Tours, président; M. Amédée Thayer, sénateur, vice-président; M. Gustave Pillet, chef de division au ministère de l'instruction publique et des cultes, secrétaire ;

M. Doubet, secrétaire-adjoint; Mme la comtesse de Bar, Mme Baroche; Mme la duchesse de Bassano, dame d'honneur de l'impératrice; Mme Billault, Mme la duchesse de Cambacérès, Mme Caussin de Perceval, Mme Dumas; Mme la princesse d'Essling, grande maîtresse de la maison de l'impératrice; Mme Féray d'Isly, Mme Fortoul, Mme Achille Fould, Mme la marquise de la Grange, Mme la baronne de Mackau; Mme la baronne de Malaret, dame du palais de l'impératrice; Mme la comtesse de Montebello, dame du palais de l'impératrice; Mme Édouard Odier, Mme de Parieu, Mme la marquise de Pastoret, Mme la comtesse de Persigny; Mme la baronne de Serlay, dame de S. A. I. la princesse Mathilde; Mme la baronne Thénard, Mme Troplong, Mme la baronne de Vareignes[1].

Art. 5. Le président de la commission d'examen des asiles du département de la Seine fait partie du comité central de patronage.

Art. 6. Les inspectrices des salles d'asile et la directrice du cours pratique peuvent être appelées au sein du comité central pour y donner verbalement des explications et leur avis, soit sur les affaires dont l'examen leur aura été renvoyé, soit sur des questions d'intérêt général concernant les salles d'asile.

Art. 7. Notre ministre secrétaire d'État au département de l'instruction publique et des cultes est chargé de l'exécution du présent décret.

Fait au palais des Tuileries, le 16 mai 1854.

NAPOLÉON.

Par l'empereur:

Le ministre secrétaire d'État au département de l'instruction publique et des cultes,

H. FORTOUL.

1. Par un arrêté du 19 juillet 1854, ont été nommées membres du même comité Mmes Duplay et Henriat.

IV.

Décret impérial relatif à l'organisation des salles d'asile publiques et libres, précédé d'un rapport à l'empereur (21 mars 1855).

Rapport à l'empereur.

Sire,

J'ai l'honneur de présenter à Votre Majesté un projet de décret préparé par le comité central de patronage des salles d'asile, et qui a été adopté par le conseil impérial de l'instruction publique, en exécution de l'article 57 de la loi du 15 mars 1850[1]. Ce projet de décret a pour but de régler tout ce qui se rapporte à la surveillance et à l'inspection des salles d'asile, aux conditions d'âge, d'aptitude et de moralité des personnes qui y seront chargées de la direction et du service ainsi qu'au traitement qui leur sera assuré.

En plaçant les salles d'asile de l'enfance sous un régime spécial, le législateur a parfaitement compris la différence qu'il y a entre les écoles et les salles d'asile. Ces derniers établissements ne sont, en réalité, que des maisons de première éducation. On s'y applique, non à instruire les enfants, mais à y former leur cœur, à leur inspirer de bons principes, de bonnes habitudes, à leur faire contracter le goût du travail, à développer, sans la fatiguer, leur jeune intelligence, tout en leur donnant les soins physiques que réclame leur faible constitution, et que la plupart d'entre eux ne recevraient pas de familles retenues au loin pendant la journée par d'impérieuses nécessités.

De semblables établissements ne peuvent se soutenir et se propager que par les efforts réunis de la charité publique et de la charité privée. Si, d'une part, il importe qu'ils soient adoptés par les administrations municipales, sans le concours desquelles l'État serait impuissant à les fonder, il est, d'un autre côté, essentiel qu'ils ne perdent pas, en recevant un caractère public, cet autre caractère si doux et si attrayant qu'ils tiennent de l'intervention charitable des mères de famille.

C'est ce que le comité central est parvenu à établir en proposant d'organiser, partout où il y aura utilité et possibilité, des comités locaux de patronage composés de dames dévouées aux intérêts de l'enfance, comités présidés par le maire et dont le curé doit faire partie de droit. Nul doute que dans ces réunions, où l'administration, la religion et la charité maternelle auront leurs représentants naturels, les salles d'asile ne

1. Voyez, page 1, l'article 57 de la loi du 15 mars 1850.

trouvent tout à la fois des surveillants et des protecteurs. Ces comités, qui correspondront avec les dames déléguées par le ministre dans chaque académie, se relieront ainsi au comité central de patronage, de qui ils recevront une haute et salutaire impulsion. Par leurs soins, rien d'intéressant ne passera inaperçu; aucune amélioration réelle ne sera constatée dans une salle d'asile, quelque éloignée qu'elle soit de Paris, que le comité central ne puisse être en mesure d'en recommander l'introduction dans tous les autres établissements du même genre.

Les comités locaux de patronage ne sont cependant pas substitués aux autorités instituées par la loi du 15 mars 1850; ainsi les inspecteurs de l'instruction primaire, les délégués cantonaux, les ministres des différents cultes reconnus conserveront toujours la surveillance prescrite par l'article 44 de la loi.

La gratuité absolue a généralement prévalu dans les salles d'asile. Peut-être était-il nécessaire qu'il en fût ainsi dès le principe, pour déterminer les familles à envoyer leurs enfants dans ces établissements; mais, tout en respectant les usages reçus, il importait de ne consacrer cette situation qu'à titre exceptionnel. Les salles d'asile sont, comme les écoles, fréquentées par beaucoup d'enfants dont les familles sont en état de payer une rétribution. Or cette rétribution, quelque faible qu'elle soit, étant versée par un grand nombre d'enfants, est une ressource trop importante pour qu'un gouvernement prévoyant n'en doive pas tenir compte. Afin d'arriver, sous ce rapport, à une situation plus régulière, le décret propose d'exiger qu'aucun enfant ne soit définitivement reçu dans une salle d'asile sans un billet d'admission délivré par le maire; mais il exige aussi que ce billet ne fasse aucune distinction entre les enfants payants et les enfants admis gratuitement. La directrice de l'asile devra recevoir tous les enfants qui lui seront présentés par les familles, sans s'informer si elles sont en état de payer ou non une rétribution; mais elle leur fera savoir que, dans la huitaine, elles devront obtenir du maire un billet d'admission définitive, et celui-ci délivrera ce billet d'admission, soit à titre gratuit, soit à titre onéreux. Ainsi la directrice, qui n'est pas chargée de recevoir la rétribution, et qui ignorera elle-même les conditions auxquelles les enfants sont reçus dans son asile, ne sera jamais exposée même au soupçon de partialité.

Quant aux conditions d'ouverture des salles d'asile publiques ou libres posées par le projet de décret, elles sont à peu près celles qui sont exigées par la loi du 15 mars 1850, modifiées par le décret du 9 mars 1852. L'autorité des préfets s'étendra sur les salles d'asile publiques comme sur les écoles, et la liberté laissée aux fondateurs d'écoles libres sera également laissée aux fondateurs de salles d'asile; enfin le conseil départemental aura sur les salles d'asile publiques et libres la même juridiction que sur les écoles.

Les traitements des directrices et des sous-directrices des salles d'asile devront être prélevés d'abord sur le produit de la rétribution mensuelle payée par les enfants, laquelle sera perçue, pour le compte de la commune, par le receveur municipal. A défaut de cette rétribution, le conseil municipal devra aviser aux moyens de compléter le minimum du traitement prescrit, soit sur ses revenus ordinaires, soit sur le restant disponible des trois centimes spéciaux affectés à l'instruction primaire, soit enfin par le vote d'une imposition spéciale. Quant aux départements, qui ne peuvent être obligés d'intervenir dans cette dépense, il leur sera loisible de secourir les communes pauvres, soit sur le restant disponible de leurs deux centimes spéciaux, soit par des fonds qu'ils voteraient en vue de cette dépense. L'État lui-même ne pourrait, sans de grands inconvénients pour l'ordre de ses finances, parfaire le traitement des directrices des asiles, comme il complète celui des maîtres d'école. Son intervention serait ici, en quelque sorte, le signal donné partout de rendre les salles d'asile gratuites. Elle aurait donc le double danger de lui imposer, pour le présent une dépense considérable, et pour l'avenir un fardeau dont le poids ne pourrait être calculé avec certitude. Il ne faut pas perdre de vue, d'ailleurs, que l'État consacre déjà annuellement à la propagation des salles d'asile une somme de 400,000 fr., et il y a lieu d'espérer que cette subvention continuera de figurer chaque année à son budget.

Si Votre Majesté daigne adopter le projet de décret dont je viens de lui signaler les dispositions principales, je la prierai de vouloir bien le revêtir de son approbation.

Le ministre secrétaire d'État au département de l'instruction publique et des cultes,

H. FORTOUL.

Décret impérial[1].

NAPOLÉON,

Par la grâce de Dieu et la volonté nationale, empereur des Français,

A tous présents et à venir, salut :

Sur le rapport de notre ministre secrétaire d'État au département de l'instruction publique et des cultes,

En exécution de l'article 57 de la loi du 15 mars 1850[2];

1. Voyez, page 25, l'arrêté du 22 mars 1855, rendu pour l'exécution de ce décret.

2. Voyez, page 1, l'article 57 de la loi du 15 mars 1850.

Vu l'ordonnance du 22 décembre 1837 [1];

Vu le décret du 9 mars 1852;

Vu la loi du 14 juin 1854 [2];

Vu l'avis du comité central de patronage des salles d'asile;

Vu l'avis du conseil impérial de l'instruction publique,

Avons décrété et décrétons ce qui suit:

TITRE Ier.

Dispositions générales concernant l'établissement des salles d'asile et le programme de l'enseignement.

Art. 1er. Les salles d'asile, publiques ou libres, sont des établissements d'éducation où les enfants des deux sexes de deux à sept ans reçoivent les soins que réclame leur développement moral et physique [3].

1. L'ordonnance du 22 décembre 1837 était relative à l'organisation des salles d'asile. Toutes les dispositions importantes de cette ordonnance ont été reproduites dans le présent décret.

2. Le décret-loi du 9 mars 1852 et la loi du 14 juin 1854 n'ont rapport, en ce qui concerne les salles d'asile, qu'aux autorités préposées à leur surveillance.

3. « Ces établissements ne sont, en réalité, que des maisons de première éducation. On s'y applique, non à instruire les enfants, mais à y former leur cœur, à leur inspirer de bons principes, de bonnes habitudes, à leur faire contracter le goût du travail, à développer, sans la fatiguer, leur jeune intelligence, tout en leur donnant les soins physiques que réclame leur faible constitution, et que la plupart d'entre eux ne recevraient pas de familles retenues au loin pendant la journée par d'impérieuses nécessités. » (*Rapport à l'empereur,* 21 mars 1855.)

« J'attire votre attention sur ce point capital, que les salles d'asile, selon les termes de l'article 1er du décret, sont, avant tout, des établissements d'*éducation.* Ce seul mot résume un ensemble d'idées que, dans la création et dans la direction des asiles; il est très-important de ne jamais perdre de vue. D'un côté, on ne saurait, sous peine d'en altérer essentiellement le caractère, confondre les salles d'asile avec cette classe d'établissements qui, uniquement destinés à soulager les besoins physiques, sont rangés, à juste titre, parmi les établissements d'*assistance :* ma circulaire en date du 31 octobre dernier vous a fait connaître que vous devez considérer l'institution des asiles comme la base de notre système d'enseignement primaire. D'un autre côté, il importe essentiellement de ne point changer les refuges de la première enfance en établissements d'instruction proprement dite, de ne point transformer la salle d'asile en école. Il convient que la salle d'asile précède l'école, qu'elle y prépare et qu'elle y conduise;

Art. 2. L'enseignement, dans les salles d'asile publiques et libres, comprend :

1° Les premiers principes de l'instruction religieuse, de la lecture, de l'écriture, du calcul verbal et du dessin linéaire;

2° Des connaissances usuelles à la portée des enfants;

3° Des ouvrages manuels appropriés à l'âge des enfants;

4° Des chants religieux, des exercices moraux et des exercices corporels.

Les leçons et les exercices moraux ne durent jamais plus de dix à quinze minutes, et sont toujours entremêlés d'exercices corporels [1].

Art. 3. L'instruction religieuse est donnée, sous l'autorité de l'évêque, dans les salles d'asile catholiques.

Les ministres des cultes non catholiques reconnus président à l'instruction religieuse dans les salles d'asile de leur culte.

Art. 4. Les salles d'asile sont situées au rez-de-chaussée; elles sont planchéiées et éclairées, autant que possible, des deux côtés par des fenêtres fermées avec des châssis mobiles.

Les dimensions des salles d'exercices doivent être calculées de manière qu'il y ait au moins deux mètres cubes d'air pour chaque enfant admis.

A côté de la salle d'exercices il y a un préau destiné aux repas et aux récréations.

Art. 5. Nulle salle d'asile ne peut être ouverte avant que l'inspecteur d'académie n'ait reconnu qu'elle réunit les conditions de salubrité ci-dessus prescrites.

Art. 6. Il y a dans chaque salle d'asile publique du culte catholique :

Un crucifix,

Une image de la sainte Vierge.

Art. 7. Il y a dans toutes les salles d'asile un portrait de l'impératrice, protectrice de l'institution.

Art. 8. Le titre de *salle d'asile modèle* peut être conféré par le ministre de l'instruction publique, sur la proposition du comité central de patronage, à celles des salles d'asile qui auraient été signalées par les déléguées spéciales pour la bonne disposition du local, l'état satisfaisant du mobilier, les soins donnés aux enfants, ainsi que pour l'emploi judicieux et in-

mais il serait fâcheux peut-être qu'elle en tînt lieu. Telle est la pensée qui a présidé à la rédaction de l'article 1er du décret et des articles 8, 9, 10, 11, 12 et 13 du règlement concernant le régime intérieur. » (*Instruction aux préfets*, 18 mai 1855.)

1. Voyez aussi, page 27, les articles 8 à 19 de l'arrêté du 22 mars 1855, relatif au régime intérieur des salles d'asile.

telligent des meilleurs moyens d'éducation et de premier enseignement[1].

Il y a à Paris un cours pratique avec pensionnat, destiné : 1° à former, pour Paris et les départements, des directrices ou des sous-directrices de salles d'asile ; 2° à conserver les principes de la méthode établie ; 3° à expérimenter les nouveaux procédés d'éducation et de premier enseignement dont l'essai serait recommandé par le comité central de patronage.

Art. 9. Un règlement, arrêté par le ministre de l'instruction publique sur la proposition du comité central de patronage, déterminera, sous l'approbation de l'impératrice, tout ce qui se rapporte aux procédés d'éducation et d'enseignement employés dans les salles d'asile publiques, ainsi qu'aux soins matériels qui doivent y être observés[2].

TITRE II.

De l'admission des enfants dans les salles d'asile[3].

Art. 10. Aucun enfant n'est reçu, même provisoirement, par la directrice, dans une salle d'asile publique ou libre, s'il n'est pourvu d'un certificat de médecin dûment légalisé, constatant qu'il n'est atteint d'aucune maladie contagieuse et qu'il a été vacciné.

L'admission des enfants dans les salles d'asile publiques ne devient définitive qu'autant qu'elle a été ratifiée par le maire.

Dans les huit jours qui suivent l'admission provisoire d'un

1. « Aux termes de l'article 8, le titre de *salle d'asile modèle* pourra être conféré par le ministre, sur la proposition du comité central, à celles des salles d'asile dont les directrices se seront rendues dignes d'une marque particulière de distinction. Les droits à cette faveur résulteront de la continuité des soins donnés aux enfants, de l'emploi judicieux et intelligent des meilleurs moyens d'éducation et de premier enseignement, de l'entretien attentif du mobilier. Le titre de *salle d'asile modèle* sera aussi une considération des efforts accomplis par les autorités municipales, car les déléguées spéciales ne pourront le solliciter qu'en faveur des établissements dont les dispositions matérielles ne donneront prise à aucune critique.

« Il ne faut pas l'oublier, d'ailleurs : à ce titre de *salle d'asile modèle* est attaché un privilége qui n'est pas sans importance. C'est sur la déclaration de la directrice de l'établissement modèle qu'après ratification du comité local de patronage, l'inspecteur d'académie (art. 31) délivrera le certificat du stage créé par l'article 26 du décret. » (*Instruction aux préfets*, 18 mai 1855.)

2. Voyez, page 25, ce règlement du 22 mars 1855.

3. Voyez aussi, page 25, les articles 1 à 7 de l'arrêté du 22 mars 1855, relatif au régime intérieur des salles d'asile.

enfant dans une salle d'asile publique, les parents sont tenus de présenter à la directrice un billet d'admission délivré par le maire.

Art. 11. Les salles d'asile publiques sont ouvertes gratuitement à tous les enfants dont les familles sont reconnues hors d'état de payer la rétribution mensuelle.

Art. 12. Le maire, de concert avec les ministres des différents cultes reconnus, dresse la liste des enfants qui doivent être admis gratuitement dans les salles d'asile publiques. Cette liste est définitivement arrêtée par le conseil municipal.

Art. 13. Les billets d'admission délivrés par les maires ne font aucune distinction entre les enfants payants et les enfants admis gratuitement.

TITRE III.

De la surveillance et de l'inspection des salles d'asile.

Art. 14. Indépendamment des autorités instituées pour la surveillance et l'inspection des écoles par les articles 18, 20, 42 et 44 de la loi du 15 mars 1850[1], il peut être établi dans

1. Voici le texte des articles 18, 20, 42 et 44 de la loi du 15 mars 1850, avec l'indication des modifications faites par le décret-loi du 9 mars 1852 et la loi du 14 juin 1854 :

« Art. 18. L'inspection des établissements d'instruction publique ou libre est exercée, — 1° Par les inspecteurs généraux [et supérieurs]; — 2° Par les recteurs et les inspecteurs d'académie; — 3° Par les inspecteurs de l'enseignement primaire; — 4° Par les délégués cantonaux, le maire et le curé, le pasteur ou le délégué du consistoire israélite, en ce qui concerne l'enseignement primaire. — Les ministres des différents cultes n'inspecteront que les écoles spéciales à leur culte, ou les écoles mixtes pour leur coreligionnaires seulement. — Le recteur pourra, en cas d'empêchement, déléguer temporairement l'inspection à un membre du conseil [académique] (départemental).

« Art. 20. L'inspection de l'enseignement primaire est spécialement confiée à [deux] (trois) inspecteurs [supérieurs] (généraux). — Il y a en outre, dans chaque arrondissement, un inspecteur de l'enseignement primaire [choisi] (nommé) par le ministre [après avis du conseil académique]. — Néanmoins, sur l'avis du conseil [académique] (départemental), deux arrondissements pourront être réunis pour l'inspection. — Un règlement déterminera le classement, les frais de tournée, l'avancement et les attributions des inspecteurs de l'enseignement primaire.

« Art. 42. Le conseil [académique du département] (départemental) désigne un ou plusieurs délégués résidant dans chaque canton, pour surveiller les écoles publiques et libres du canton, et détermine les écoles particulièrement soumises à la surveillance

chaque commune où il existe des salles d'asile, et à Paris dans chaque arrondissement, un comité local de patronage nommé par le préfet.

Ce comité local, dont le curé fait partie de droit et qui est présidé par le maire, est composé de dames qui se partagent la protection des salles d'asile du ressort[1].

de chacun. — Les délégués sont nommés pour trois ans; ils sont rééligibles et révocables. Chaque délégué correspond, tant avec le conseil [académique] (départemental), auquel il doit adresser ses rapports, qu'avec les autorités locales, pour tout ce qui regarde l'état et les besoins de l'enseignement primaire dans sa circonscription. — Il peut, lorsqu'il n'est pas membre du conseil [académique] (départemental), assister à ses séances, avec voix consultative pour les affaires intéressant les écoles de sa circonscription. — Les délégués se réunissent au moins une fois tous les trois mois au chef-lieu de canton, sous la présidence de celui d'entre eux qu'ils désignent, pour convenir des avis à transmettre au conseil [académique] (départemental).

« Art. 44. Les autorités locales préposées à la surveillance et à la direction morale de l'enseignement primaire sont, pour chaque école, le maire, le curé, le pasteur ou délégué du culte israélite, et, dans les communes de deux mille âmes et au-dessus, un ou plusieurs habitants de la commune, délégués par le conseil [académique] (départemental). — Les ministres des différents cultes sont spécialement chargés de surveiller l'enseignement religieux de l'école. — L'entrée de l'école leur est toujours ouverte. — Dans les communes où il existe des écoles mixtes, un ministre de chaque culte aura toujours l'entrée de l'école pour veiller à l'éducation religieuse des enfants de son culte. — Lorsqu'il y a pour chaque culte des écoles séparées, les enfants d'un culte ne doivent être admis dans l'école d'un autre culte que sur la volonté formellement exprimée par les parents. »

1. « De semblables établissements ne peuvent se soutenir et se propager que par les efforts réunis de la charité publique et de la charité privée. Si, d'une part, il importe qu'ils soient adoptés par les administrations municipales, sans le concours desquelles l'État serait impuissant à les fonder, il est, d'un autre côté, essentiel qu'ils ne perdent pas, en recevant un caractère public, cet autre caractère si doux et si attrayant qu'ils tiennent de l'intervention charitable des mères de famille.

« C'est ce que le comité central est parvenu à établir en proposant d'organiser, partout où il y aura utilité et possibilité, des comités locaux de patronage composés de dames dévouées aux intérêts de l'enfance, comités présidés par le maire et dont le curé doit faire partie de droit.

« Nul doute que dans ces réunions, où l'administration, la religion et la charité maternelle auront leurs représentants naturels, les salles d'asile ne trouvent tout à la fois des surveillants et des

Art. 15. Le comité local de patronage est chargé de recueillir les offrandes de la charité publique en faveur des salles d'asile de son ressort, de veiller au bon emploi des fonds alloués à ces établissements par la commune, le département

protecteurs. Ces comités, qui correspondront avec les dames déléguées par le ministre, dans chaque académie, se relieront ainsi au comité central de patronage, de qui ils recevront une haute et salutaire impulsion. Par leurs soins, rien d'intéressant ne passera inaperçu; aucune amélioration réelle ne sera constatée dans une salle d'asile, quelque éloignée qu'elle soit de Paris, que le comité central ne puisse être en mesure d'en recommander l'introduction dans tous les autres établissements du même genre. » (*Rapport à l'empereur*, 21 mars 1855.)

« Ces comités, où la religion, l'administration et la charité maternelle auront leurs représentants, sont appelés à jouer un rôle considérable dans l'organisation générale des salles d'asile. Chacun d'eux, image du comité central institué auprès du ministère de l'instruction publique, aura dans l'étendue de sa juridiction, à exercer des droits et à remplir des devoirs analogues à ceux qu'exerce et que remplit le comité supérieur pour la France entière, et qui se résument dans ces mots : *protection des salles d'asile.* Recueillir les offrandes en faveur des établissements du ressort; pourvoir au bon emploi des fonds alloués par la commune, le département ou l'État; veiller au maintien des méthodes, à la direction intelligente de l'enseignement; s'assurer des résultats de l'éducation reçue dans l'asile par des visites régulières, telles seront les attributions des dames qui voudront bien, sous la direction du maire, et avec la coopération du curé de la paroisse, mettre en commun les inspirations de leur charité.

« Ces comités ne resteront point isolés. D'un côté, ils correspondront avec les dames déléguées par le ministre pour l'inspection des salles d'asile de l'académie; de l'autre, ils se rattacheront au comité central, avec lequel ils devront se tenir en communication permanente et de qui ils recevront une haute et salutaire impulsion. Tout ce qui intéresse les asiles de la circonscription devra naturellement les préoccuper, en sorte que, dans les réunions qui devront avoir lieu tous les mois, il sera toujours possible à MM. les maires de soumettre aux délibérations des dames réunies sous leur présidence des objets dignes d'un véritable intérêt.

« Ces comités devront naturellement être composés de dames que leur position sociale met en mesure d'exercer, au profit des salles d'asile, une salutaire influence.

« Ces dames, je n'en doute pas, n'hésiteront point à accepter l'intéressante mission que vous serez heureux de leur offrir au nom du gouvernement et de l'auguste protectrice de l'institution des asiles. Votre appel sera promptement entendu, puisqu'il s'adressera au dévouement et à ces sentiments généreux toujours éveillés dans le cœur des mères. Assurément, il vous sera facile de faire comprendre aux dames dont vous aurez à réclamer le concours

ou l'État, et au maintien des méthodes adoptées pour les salles d'asile publiques. Il délibère sur tous les objets qu'il juge dignes de fixer l'attention du comité central.

Il se réunit au moins une fois par mois.

Art. 16. Un ou plusieurs médecins nommés par le maire visitent, au moins une fois par semaine, les salles d'asile publiques.

Chaque médecin inscrit ses observations et ses prescriptions sur un registre particulier.

Art. 17. Le ministre de l'instruction publique et des cultes peut, suivant les besoins du service, déléguer pour l'inspection des salles d'asile, dans chaque académie, une dame rétribuée sur les fonds de l'État.

Nulle ne peut être nommée déléguée spéciale si elle n'est pourvue d'un certificat d'aptitude.

Le recteur de l'académie détermine l'ordre des tournées des dames déléguées spéciales et en règle l'itinéraire. Il transmet au ministre, avec son avis, les rapports généraux que les dames lui adressent. Le ministre place ces rapports sous les yeux du comité central de patronage.

Les déléguées spéciales correspondent directement avec les comités de patronage de leur circonscription et envoient à chaque inspecteur d'académie un rapport spécial sur les salles d'asile du département[1].

que l'esprit et la grâce sont les meilleurs auxiliaires de la charité.

« Le nombre des membres de chacun des comités de patronage n'est pas fixé par le décret du 21 mars. Vous avez donc toute liberté d'action. Vous prendrez conseil des circonstances, à cet égard. Vous tiendrez compte naturellement et du nombre des asiles établis dans le ressort, et des éléments que vous vous croyez assuré de pouvoir activement mettre en œuvre. » (*Instruction aux préfets*, 18 mai 1855.)

1. « Les dames déléguées spéciales adressent au recteur de l'académie des rapports que ce haut fonctionnaire transmet au ministre, avec ses propres observations; elles correspondent directement avec les comités locaux de patronage, et peuvent être invitées par les présidents de ces conseils à leur prêter l'appui d'une expérience éprouvée. Chargées de veiller à l'application des règlements et au maintien de la méthode, elles inspectent assidûment les salles d'asile de leur ressort, assistent aux examens des aspirantes au brevet d'aptitude, et, toutes les fois qu'elles en trouvent l'occasion, confèrent de l'état des établissements confiés à leur surveillance avec les dames déléguées générales. » (*Instruction aux préfets*, 18 mai 1855.)

« Les instructions aux préfets ont révélé toute l'importance que, dans l'intérêt des salles d'asile, j'attache aux fonctions de MM^mes les déléguées spéciales. Par une intelligente et quotidienne interven-

Art. 18. Il y a près du comité central de patronage des salles d'asile deux déléguées générales rétribuées sur les fonds de l'État et nommées par le ministre de l'instruction publique.

Les déléguées générales sont envoyées par le ministre de l'instruction publique partout où leur présence est jugée nécessaire ; elles s'entendent avec les déléguées spéciales et provoquent, s'il y a lieu, les réunions des comités locaux de patronage ; elles rendent compte au ministre et au comité central, et ne décident rien par elles-mêmes[1].

tion de leur part, la méthode pourra se maintenir et se perfectionner; par elles, se répandront jusque dans les plus petites villes ces traditions précieuses qui, puisées au sein de l'établissement central où l'esprit de la salle d'asile se perpétue en se renouvelant (art. 8 du décret), doivent demeurer la règle et assurer l'avenir de l'institution elle-même.

« Or, c'est sous votre autorité, monsieur le recteur, que le décret du 21 mars a placé celle de ces dames chargée d'inspecter les salles d'asile de votre ressort académique. C'est à vous qu'est confié le soin de déterminer les tournées de Mme la déléguée spéciale et d'en régler l'itinéraire. Vous ne négligerez rien pour n'agir, à cet égard, qu'en parfaite connaissance de cause; les renseignements que vous présenteront MM. les inspecteurs d'académie et Mme la déléguée elle-même vous seront, sur ce point, d'un indispensable secours ; et veuillez vous pénétrer de cette pensée : il importe au plus haut degré que les sacrifices consentis par l'État pour chacune des tournées soient compensés et au delà par des résultats positifs.

« C'est pour constater ces résultats que Mme la déléguée, à part les communications auxquelles des circonstances imprévues pourraient donner lieu, devra vous adresser chaque année, à la fin d'avril, un rapport général sur la situation du service des salles d'asile dans toute l'étendue du ressort. Ce rapport contiendra des détails précis : 1° sur l'action exercée par les comités locaux de patronage; 2° sur le personnel des maîtresses (aptitude, pratique de la méthode, dispositions morales, conduite); 3° sur le personnel des aspirantes au brevet d'aptitude (leur nombre, manière dont elles se préparent, ou résultats de l'examen); 4° sur l'état matériel des salles d'asile (salubrité des locaux, préaux, mobilier, etc.); 5° sur les créations réalisées ou projetées dans le cours de l'année; 6° sur l'influence morale et pédagogique des salles d'asile du ressort. » (*Instruction aux recteurs*, 16 juin 1855.)

1. « Deux dames, déléguées générales, sont chargées de porter sur tous les points de l'empire la pensée de ce comité : investies de la haute mission de maintenir dans l'ensemble du service des salles d'asile l'utilité de vues et de direction, elles sont envoyées par le ministre partout où leur présence est jugée nécessaire; organe spécial de l'administration supérieure, elles ne prennent point de décisions par elles-mêmes, mais elles communiquent au ministre tous les renseignements qui peuvent provoquer d'utiles

TITRE IV.

Des conditions d'âge, de moralité et d'aptitude des directrices de salles d'asile.

Art. 19. Les salles d'asile publiques et libres seront à l'avenir exclusivement dirigées par des femmes.

Art. 20. Nulle ne peut diriger une salle publique ou libre avant l'âge de vingt-quatre ans accomplis, et si elle ne justifie d'un certificat d'aptitude.

Les lettres d'obédience délivrées par les supérieures des communautés religieuses régulièrement reconnues, et attestant que les postulantes ont été particulièrement exercées à la direction d'une salle d'asile, leur tiennent lieu de certificat d'aptitude.

Peuvent toutefois être admises à diriger provisoirement, dès l'âge de vingt et un ans, une salle d'asile publique ou libre, qui ne reçoit pas plus de trente à quarante enfants, les sous-directrices pourvues du certificat mentionné en l'article 31 du présent décret, et les membres de communautés religieuses pourvues d'une lettre d'obédience.

Art. 21. Sont incapables de tenir une salle d'asile publique ou libre les personnes qui se trouvent dans les cas prévus par l'article 26 de la loi du 15 mars 1850[1].

Art. 22. Quiconque veut diriger une salle d'asile libre doit se conformer préalablement aux dispositions prescrites par les articles 25 et 27 de la loi du 15 mars 1850 et 1, 2 et 3 du décret du 7 octobre 1850[2].

réformes et éclairer les délibérations du comité central. » (*Instruction aux préfets*, 18 mai 1855.)

1. « Sont incapables de tenir une école publique ou libre, ou d'y être employés, les individus qui ont subi une condamnation pour crime ou pour un délit contraire à la probité ou aux mœurs, les individus privés par jugement de tout ou partie des droits mentionnés en l'article 42 du code pénal, et ceux qui ont été interdits en vertu des articles 30 et 33 de la présente loi. » (*Loi du 15 mars* 1850, art. 26.)

La privation des droits mentionnés à l'article 42 du code pénal, consiste dans l'interdiction de certains droits civiques, civils et de famille. Voyez, page 2, les articles 30 et 33.

2. Voici le texte des articles 25 et 27 de la loi du 15 mars 1850, avec l'indication des modifications faites par la loi du 14 juin 1854 :

« Art. 25. Tout Français âgé de vingt et un ans accomplis peut exercer dans toute la France la profession d'instituteur primaire,

L'inspecteur d'académie peut faire opposition à l'ouverture de la salle dans les cas prévus par l'article 28 de la loi du 15 mars 1850 et par l'article 5 du présent décret[1]. L'opposi-

public ou libre, s'il est muni d'un brevet de capacité. — Le brevet de capacité peut être suppléé par le certificat de stage dont il est parlé à l'article 47, par le diplôme de bachelier, par un certificat constatant qu'on a été admis dans une des écoles spéciales de l'État, ou par le titre de ministre, non interdit ni révoqué, de l'un des cultes reconnus par l'État.

« Art. 27. Tout instituteur qui veut ouvrir une école libre doit préalablement déclarer son intention au maire de la commune où il veut s'établir, lui désigner le local, et lui donner l'indication des lieux où il a résidé et des professions qu'il a exercées pendant les dix années précédentes. — Cette déclaration doit être, en outre, adressée par le postulant au [recteur de l'académie] (préfet), au procureur [de la république] (impérial) et au sous-préfet. Elle demeurera affichée, par les soins du maire, à la porte de la mairie pendant un mois. »

Les articles 1, 2 et 3 du décret du 7 octobre 1850 sont ainsi conçus :

« Art. 1er. Il est ouvert, dans chaque mairie, un registre spécial destiné à recevoir les déclarations des instituteurs qui veulent établir des écoles libres, conformément à l'article 27 de la loi organique du 15 mars 1850. — Indépendamment des indications exigées par cet article, chaque déclaration doit être accompagnée, — 1° De l'acte de naissance de l'instituteur; — 2° De son brevet de capacité ou du titre reconnu équivalent au brevet de capacité par le deuxième paragraphe de l'article 25 de la loi organique. — Cette déclaration est signée, sur le registre, par l'instituteur et par le maire. — Une copie en est immédiatement affichée à la porte de la mairie et y demeure pendant un mois. »

« Art. 2. Dans les trois jours qui suivent cette déclaration, le maire adresse au [recteur] (préfet) les pièces jointes à ladite déclaration et le certificat d'affiche. — Dans le même délai, le maire, après avoir visité ou fait visiter le local destiné à l'école, est tenu de délivrer gratuitement à l'instituteur, en triple expédition, une copie légalisée de sa déclaration. — S'il refuse d'approuver le local, il doit faire mention de cette opposition et des motifs sur lesquels elle est fondée, au bas des copies légalisées qu'il délivre à l'instituteur. — Une de ces copies est remise par l'instituteur au procureur [de la république] (impérial), et une autre au sous-préfet, lesquels en délivrent récépissé. La troisième copie est remise au [recteur de l'académie] (préfet) par l'instituteur, avec les récépissés du procureur [de la république] (impérial) et du sous-préfet.

« Art. 3. A l'expiration du délai fixé par le dernier paragraphe de l'article 27 de la loi organique, le maire transmet au [recteur] (préfet) les observations auxquelles la déclaration affichée peut avoir donné lieu, ou l'informe qu'il n'en a pas été reçu à la mairie. »

1. Voici le texte de l'article 28 de la loi du 15 mars 1850, avec

tion est jugée par le conseil départemental, contradictoirement et sans recours.

A défaut d'opposition, la salle d'asile peut être ouverte à l'expiration du mois.

Art. 23. Les directrices des salles d'asile publiques sont nommées et révoquées par les préfets, sur la proposition de l'inspecteur d'académie; elles sont choisies, après avis du comité local de patronage, soit parmi les membres des congrégations religieuses, soit parmi les laïques, et dans ce dernier cas, autant que possible, parmi les sous-directrices.

Art. 24. Le conseil départemental peut, dans les formes prescrites par les articles 30 et 33 de la loi du 15 mars 1850[1], interdire de l'exercice de sa profession, dans la commune où elle réside, une directrice de salle d'asile libre.

Il peut frapper d'interdiction absolue une directrice de salle d'asile libre ou publique, sauf appel devant le conseil impérial de l'instruction publique.

Art. 25. Dans toute salle d'asile publique qui reçoit plus de quatre-vingts enfants, la directrice est aidée par une sous-directrice.

Art. 26. Nulle ne peut être nommée sous-directrice dans une salle d'asile publique avant l'âge de vingt ans, et si elle n'est pourvue d'un certificat de stage[2] délivré ainsi qu'il est dit à l'article 31 du présent décret[3].

l'indication des modifications faites par la loi du 14 juin 1854 :

« Art. 28. Le [recteur] (préfet), soit d'office, soit sur la plainte du procureur [de la république] (impérial) ou du sous-préfet, peut former opposition à l'ouverture de l'école, dans l'intérêt des mœurs publiques, dans le mois qui suit la déclaration à lui faite. — Cette opposition est jugée dans un bref délai, contradictoirement et sans recours, par le conseil [académique] (départemental). — Si le maire refuse d'approuver le local, il est statué à cet égard par ce conseil. — A défaut d'opposition, l'école peut être ouverte à l'expiration du mois, sans autre formalité. »

L'article 5 du présent décret porte « que nulle salle d'asile ne peut être ouverte avant que l'inspecteur d'académie n'ait reconnu qu'elle réunit les conditions de salubrité prescrites. » (Voyez page 10).

1. Voyez, page 2, les articles 30 et 33.

2. « Ce certificat donnera le droit, d'un côté, de diriger, dès l'âge de vingt et un ans, une salle d'asile ne recevant pas plus de quarante enfants; de l'autre, d'être nommée, dès l'âge de vingt ans, sous-directrice dans une salle d'asile publique.

« Il est facile de comprendre tout l'intérêt que présentera l'acquisition d'un tel certificat pour les jeunes personnes qui se destinent à la carrière de l'enseignement dans les salles d'asile. » (*Instruction aux préfets*, 18 mai 1855.)

3. Aux termes de l'article 31 du présent décret, ce stage est de

Les sous-directrices dans les salles d'asile publiques sont nommées et révoquées par les maires, sur la proposition du comité de patronage.

Art. 27. Il y a dans chaque département une commission d'examen chargée de constater l'aptitude des personnes qui aspirent à diriger les salles d'asile.

La commission tient une ou deux sessions par an.

Les membres de la commission d'examen sont nommés pour trois ans par le préfet, sur la proposition du conseil départemental de l'instruction publique.

La commission d'examen se compose :

De l'inspecteur d'académie, président;

D'un ministre du culte professé par la postulante;

D'un membre de l'enseignement public ou libre;

De deux dames patronesses des asiles;

D'un inspecteur de l'instruction primaire faisant fonctions de secrétaire.

A Paris, la commission est nommée, sur la proposition du préfet, par le ministre de l'instruction publique, qui fixe le nombre des membres dont elle doit être composée.

Art. 28. Les certificats d'aptitude sont délivrés au nom du recteur par l'inspecteur d'académie dans les départements, et à Paris par le vice-recteur.

Art. 29. Nulle n'est admise devant une commission d'examen avant l'âge de vingt et un ans, et si elle n'a déposé entre les mains de l'inspecteur d'académie, un mois avant l'ouverture de la session :

1° Son acte de naissance;

2° Des certificats attestant sa moralité et indiquant les lieux où elle a résidé et les occupations auxquelles elle s'est livrée depuis cinq ans au moins.

La veille de la session, l'inspecteur d'académie arrête, sur la proposition de la commission d'examen, la liste des postulantes qui seront admises à subir l'examen.

Art. 30. L'examen se compose de deux parties distinctes :

1° Un examen d'instruction ;

2° Un examen pratique.

L'examen d'instruction comprend l'histoire sainte, le catéchisme, la lecture, l'écriture, l'orthographe, les notions les plus usuelles du calcul et du système métrique, le dessin au

deux mois. Le certificat de stage est délivré, sur la déclaration d'une directrice de salle d'asile modèle, par le vice-recteur de l'académie à Paris, et par l'inspecteur d'académie dans les départements. Ce certificat peut être également délivré sur l'attestation de la directrice du cours pratique de Paris (voyez page 21).

trait, les premiers éléments de géographie, le chant, le travail manuel.

L'examen pratique a lieu dans une salle d'asile. Les postulantes sont tenues de diriger les exercices de cette salle pendant une partie de la journée.

Art. 31. Sur la déclaration de la directrice d'une salle d'asile modèle, visée par le comité de patronage, l'inspecteur d'académie délivre aux postulantes qui ont suivi les exercices de cette salle d'asile pendant deux mois au moins le certificat de stage mentionné en l'article 26 du présent décret.

A Paris, le certificat de stage est délivré par le vice-recteur de l'académie, soit sur l'attestation de la directrice d'une salle d'asile modèle, comme il est dit ci-dessus, soit sur l'attestation de la directrice du cours pratique, certifiée par la commission de surveillance de cet établissement.

TITRE V.

Du traitement des directrices et sous-directrices des salles d'asile publiques.

Art. 32. Les directrices des salles d'asile publiques reçoivent sur les fonds communaux un traitement fixe, qui ne peut être moindre de deux cent cinquante francs, et les sous-directrices un traitement dont le minimum est fixé à cent cinquante francs[1].

Les unes et les autres jouissent, en outre, du logement gratuit.

Les dispositions de la loi du 9 juin 1853 sur les pensions civiles leur sont applicables[2].

1. « Les traitements des directrices et des sous-directrices des salles d'asile devront être prélevés d'abord sur le produit de la rétribution mensuelle payée pour les enfants, laquelle sera perçue, pour le compte de la commune, par le receveur municipal. A défaut de cette rétribution, le conseil municipal devra aviser aux moyens de compléter le minimum du traitement prescrit, soit sur ses revenus ordinaires, soit sur le restant disponible des trois centimes spéciaux affectés à l'instruction primaire, soit enfin par le vote d'une imposition spéciale. Quant aux départements, qui ne peuvent être obligés d'intervenir dans cette dépense, il leur sera loisible de secourir les communes pauvres, soit sur le restant disponible de leurs deux centimes spéciaux, soit par des fonds qu'ils voteraient en vue de cette dépense. » (*Rapport à l'empereur,* 21 mars 1855.)

2. Aux termes de la loi du 9 juin 1853 sur les pensions civiles et du décret du 9 novembre 1853 rendu pour son exécution, les directrices de salles d'asile publiques ont droit, à soixante ans

Art. 33. Une rétribution mensuelle peut être exigée de toutes les familles dont les enfants sont admis dans les salles d'asile publiques, et qui sont en état de payer le service qu'elles réclament[1].

Le taux de cette rétribution est fixé par le préfet en conseil départemental, sur l'avis des conseils municipaux et des délégués cantonaux.

Art. 34. La rétribution mensuelle est perçue pour le compte de la commune par le receveur municipal, et spécialement affectée aux dépenses de la salle d'asile.

En cas d'insuffisance du produit de la rétribution mensuelle et à défaut de fondations, dons ou legs, il est pourvu aux dépenses des salles d'asile publiques, 1° sur les revenus ordinaires des communes; 2° sur l'excédant des trois centimes spéciaux affectés à l'instruction primaire, ou, à défaut, au moyen d'une imposition spécialement autorisée à cet effet.

Une subvention peut être accordée par les départements aux communes qui ne peuvent suffire aux dépenses ordinaires des salles d'asile qu'au moyen d'une imposition spéciale. Cette subvention est prélevée soit sur le restant disponible des deux centimes affectés à l'instruction primaire, soit sur des fonds spécialement votés à cet effet.

Art. 35. Notre ministre secrétaire d'État au département de l'instruction publique et des cultes est chargé de l'exécution du présent décret.

Fait au palais des Tuileries, le 21 mars 1855.

NAPOLÉON.

Par l'empereur :

Le ministre secrétaire d'État au département de l'instruction publique et des cultes,

H. FORTOUL.

d'âge et après trente ans accomplis de services, à une pension de retraite réglée, pour chaque année, à un soixantième du traitement moyen, sans pouvoir excéder les trois quarts du traitement moyen.

1. « La gratuité absolue a généralement prévalu dans les salles d'asile. Peut-être était-il nécessaire qu'il en fût ainsi dès le principe, pour déterminer les familles à envoyer leurs enfants dans ces établissements; mais, tout en respectant les usages reçus, il importait de ne consacrer cette situation qu'à titre exceptionnel. Les salles d'asile sont, comme les écoles, fréquentées par beaucoup d'enfants dont les familles sont en état de payer une rétribution. Or cette rétribution, quelque faible qu'elle soit, étant versée par un grand nombre d'enfants, est une ressource trop importante pour qu'un gouvernement prévoyant n'en doive pas tenir compte. » (*Rapport à l'empereur*, 21 mars 1855.)

V.

Arrêté du ministre de l'instruction publique et des cultes, relatif au régime intérieur des salles d'asile publiques, précédé d'un rapport à l'impératrice (22 mars 1855).

Rapport à l'impératrice.

Madame,

En daignant accorder sa haute protection aux salles d'asile, Votre Majesté a prouvé d'une manière touchante l'intérêt qu'elle porte à l'une des œuvres les plus utiles que l'esprit du christianisme ait inspirées à la civilisation. Le comité central de patronage des salles d'asile, placé sous vos auspices par le décret impérial du 16 mai 1854[1], s'est efforcé de répondre par son zèle à la pensée de Votre Majesté. Il vient vous offrir aujourd'hui le premier hommage de sa reconnaissance et de ses travaux.

La loi du 15 mars 1850 avait laissé au gouvernement le soin de faire, d'accord avec le conseil impérial de l'instruction publique, un règlement sur la surveillance et l'inspection des salles d'asile, sur les conditions d'aptitude et de moralité des personnes qui y sont employées, et en même temps sur la nature de l'enseignement qui doit y être donné. Le comité central de patronage des salles d'asile, chargé de préparer ce règlement, sous la présidence de S. Em. Mgr le cardinal Morlot, a donné à l'examen des questions qui doivent y être résolues toute l'attention qu'elles méritent. Il a pensé, tout d'abord, qu'il y avait deux parts à en faire : l'une, comprenant tout ce qui se rapporte à l'administration financière et à l'action que l'État doit exercer sur les salles d'asile; l'autre, qui deviendra en quelque sorte le code maternel des salles d'asile, et qui, à ce titre surtout, est particulièrement digne de l'attention de Votre Majesté. C'est ce projet que j'ai l'honneur de lui soumettre en ce moment.

Ce règlement, qui résume l'indulgente discipline du premier âge, donne de précieuses indications sur la distribution du local et sur le choix du mobilier; il fixe les conditions d'admission des enfants dans les asiles et décrit les soins qu'ils doivent y recevoir; il détermine les divers exercices corporels et moraux auxquels ils seront soumis, les premiers principes religieux qu'on devra leur inspirer; il pose de sages limites à l'enseignement qui devra être offert à leurs jeunes intelligen-

1. Voyez, page 3, ce décret du 16 mai 1854.

ces. Les dispositions de ce règlement échappent, au surplus, par leur précision même, à toute analyse; inspiré par des sentiments d'affection vraie pour l'enfance, il présente dans un ordre méthodique des prescriptions dont quelques-unes pourraient sembler minutieuses à un œil peu attentif, mais qui toutes importent essentiellement à la bonne direction des salles d'asile. Cette direction, quelque modestes qu'en paraissent le but et les résultats, rencontre de sérieuses difficultés. Les mille fantaisies que le désœuvrement inspire aux enfants ne sont-elles pas pour eux, même au sein des meilleures familles, l'occasion de chagrins qu'ils ressentent et qu'ils expriment vivement? Malgré les soins que leur prodiguent des mères tendres et vigilantes, il ne se passe presque pas d'heure où des pleurs ne viennent attester de petites douleurs morales. Eh bien! ces peines qu'on dirait inséparables de l'enfance ont disparu de nos asiles. Quel aspect charmant et toujours tranquille présentent ces heureux refuges! Cent, cent cinquante enfants, réunis autour d'une seule femme, vont, viennent, montent, descendent, parlent, comptent, chantent au moindre signal, et reçoivent non-seulement avec intérêt, mais avec plaisir, les premières connaissances usuelles et le germe des sentiments moraux et religieux qui promettent au pays d'honnêtes générations. Quand on voit tous ces mouvements qui commencent et finissent avec le jour s'accomplir joyeusement par la seule autorité de la parole et de l'exemple, sans le moindre désordre, sans le plus petit tumulte, sans qu'il en coûte une seule larme à un seul enfant, on ne peut s'empêcher de reconnaître la puissance des procédés d'éducation usités dans les salles d'asile. Ne doit-on pas s'efforcer de conserver, de perpétuer jusque dans ses moindres détails une méthode si utile?

Le comité central de patronage vous présente avec confiance le résultat de ses observations et des délibérations prises sous vos auspices. Votre Majesté y trouvera, j'en ai le ferme espoir, l'expression de ses propres sentiments; j'ai l'honneur de la prier de vouloir bien donner son approbation au projet ci-joint, où nous nous sommes tous appliqués à les reproduire fidèlement.

Je suis, avec le plus profond respect,

Madame,

De Votre Majesté, le très-humble et très-obéissant serviteur,

Le ministre de l'instruction publique et des cultes,

H. FORTOUL.

Approuvé :

Paris, le 22 mars 1855.

EUGÉNIE.

Arrêté du ministre.

Le ministre secrétaire d'État au département de l'instruction publique et des cultes,

Vu l'article 57 de la loi du 15 mars 1850;

Vu l'article 4 du décret du 9 mars 1852;

Vu l'article 8 de la loi du 14 juin 1854;

Vu l'article 9 du décret en date du 21 mars 1855;

Sur la proposition du comité central de patronage des salles d'asile,

Arrête :

TITRE Ier.

De l'admission des enfants dans les salles d'asile publiques et des soins à leur donner.

Art. 1er. Les salles d'asile publiques sont ouvertes, du 1er mars au 1er novembre, depuis sept heures du matin jusqu'à sept heures du soir; du 1er novembre au 1er mars, depuis huit heures du matin jusqu'à six heures du soir.

Des exceptions à cette règle peuvent être autorisées, selon les circonstances locales, par le maire, sur la proposition du comité local de patronage.

Les salles d'asile sont fermées les dimanches et les jours fériés, savoir : le jour de la Toussaint, le jour de Noël, le 1er janvier, les jours de l'Ascension et de l'Assomption.

Il est interdit aux directrices de les fermer d'autres jours sans l'autorisation du comité local de patronage [1].

Art. 2. Dans des cas d'urgence, les directrices doivent garder les enfants après les heures déterminées.

La surveillance et les soins particuliers auxquels cette exception doit donner lieu sont réglés par le comité local de patronage.

Les enfants qui n'ont pas été repris par leurs parents, à l'heure où la salle d'asile doit être fermée, sont conservés par la directrice ou confiés en mains sûres pour être ramenés à leur demeure.

L'enfant n'est plus admis à la salle d'asile si les parents, après avoir été dûment avertis, retombent habituellement dans la même négligence. L'exclusion ne peut, toutefois, être prononcée que par le maire, sur la proposition du comité local de patronage.

1. La nature et la destination de ces établissements ne permettent pas de vacances scolaires; mais les directrices de salles d'asile peuvent obtenir des congés, conformément à un arrêté du 15 mars 1839.

Art. 3. Lorsqu'un enfant est présenté dans une salle d'asile, la directrice fait connaître à la famille les conditions de propreté, de soins et de nourriture auxquelles elle devra se conformer en ce qui concerne son enfant.

Indépendamment du certificat de médecin prescrit par l'article 10 du décret du 21 mars 1855[1], la directrice doit exiger de la famille un petit panier pour les provisions de bouche de l'enfant, une éponge et un gobelet. Le comité local de patronage supplée, s'il y a lieu, à l'impossibilité où se trouveraient des familles de fournir ces objets.

Le panier, le gobelet et les éponges de chacun des enfants admis définitivement sont immédiatement marqués d'un numéro d'ordre.

Art. 4. A l'arrivée des enfants à la salle d'asile, la directrice doit s'assurer par elle-même de leur état de santé et de propreté, de la quantité et de la qualité des aliments qu'ils apportent dans leur panier.

L'enfant amené à la salle d'asile dans un état de maladie n'est pas reçu; s'il devient malade dans le courant de la journée, il est aussitôt dirigé vers la demeure de ses parents et, en cas d'urgence, vers la demeure de l'un des médecins de l'établissement.

Les enfants fatigués ou incommodés sont déposés, soit sur le lit de camp ou hamac, soit dans le logement de la directrice, jusqu'à ce qu'on puisse les rendre à leur famille.

Art. 5. En cas d'absence réitérée d'un enfant sans motif connu d'avance, la directrice s'informe des causes de cette absence. Elle en donne, dans tous les cas, avis au comité local de patronage, qui fait visiter, s'il y a lieu, cet enfant dans sa famille.

Art. 6. A l'entrée et à la sortie de chaque classe, les enfants sont conduits en ordre aux lieux d'aisances; ils y sont toujours surveillés par la directrice elle-même.

A deux heures, avant la rentrée en classe, les enfants sont également conduits en ordre dans le préau couvert. En passant devant sa case, chacun d'eux reçoit son éponge des mains de la directrice et se présente à son rang devant la femme de service chargée du lavage des mains et de la figure. Après ce lavage, les enfants repassent dans le même ordre devant leur case, où leur éponge est déposée de nouveau par la directrice; ils rentrent ensuite en classe.

Art. 7. Les enfants ne doivent jamais être frappés. Ils sont toujours repris avec douceur.

1. Aux termes de l'article 10 du décret du 21 mars 1855, ce certificat doit constater que l'enfant n'est atteint d'aucune maladie contagieuse et qu'il a été vacciné (voyez page 11).

Il ne peut être infligé aux enfants que les punitions suivantes :

Les faire lever et tenir debout pendant dix minutes au plus, lorsque leurs camarades sont assis ;

Les faire sortir du gradin ;

Leur interdire le travail en commun ;

Leur faire tourner le dos à leurs camarades.

Des images et des bons points peuvent être donnés, à titre de récompense, aux enfants qui font preuve de docilité. Un certain nombre de bons points peut être échangé par le comité local de patronage contre un objet utile.

TITRE II.

De l'enseignement et des divers exercices.

Art. 8. L'instruction religieuse, donnée conformément à l'article 3 du décret du 21 mars 1855[1], ne comporte point de longues leçons ; elle comprend surtout les premiers chapitres du petit catéchisme ; elle résulte aussi de réflexions morales appropriées aux récits de l'histoire sainte et destinées à présenter aux enfants des exemples de piété, de charité et de docilité, rendus plus clairs et plus attachants à l'aide d'images autorisées pour être mises sous leurs yeux.

Les exercices moraux comprennent des récits d'histoire qui tendent constamment à inspirer aux enfants un profond sentiment d'amour envers Dieu, de reconnaissance envers l'empereur et leur auguste protectrice, à leur faire connaître et pratiquer leurs devoirs envers leur père et leur mère et leurs supérieurs, à les rendre doux, polis et bienveillants entre eux.

Art. 9. L'enseignement de la lecture comprend les voyelles et les consonnes, l'alphabet majuscule et minuscule, les différentes espèces d'accents, les syllabes de deux ou de trois lettres, les mots de deux syllabes.

Art. 10. L'enseignement de l'écriture se borne à l'imitation des lettres sur l'ardoise.

Art. 11. L'enseignement du calcul comprend la connaissance des nombres simples, leur représentation par les chiffres arabes, l'addition et la soustraction enseignées à l'aide du boulier-compteur, la table de multiplication apprise de mémoire à l'aide des chants, l'explication des poids et mesures donnée à l'aide de solides ou de tableaux.

1. L'article 3 du décret du 21 mars 1855 porte : 1° que l'instruction religieuse est donnée, sous l'autorité de l'évêque, dans les salles d'asile catholiques ; 2° que les ministres des cultes non catholiques reconnus président à l'instruction religieuse dans les salles d'asile de leur culte (voyez page 10).

Art. 12. L'enseignement du dessin linéaire comprend la formation, sur le tableau et sur les ardoises, des plus simples figures géométriques et de petits dessins au trait.

Art. 13. Les connaissances usuelles comprennent la division du temps, les saisons, les couleurs, les sens, les formes, la matière et l'usage des objets familiers aux enfants, des notions sur les animaux, sur les plantes, sur les industries simples, sur les éléments, sur la forme de la terre, sur ses principales divisions, les noms des principaux États de l'Europe avec leurs capitales, les noms des départements de la France avec leurs chefs-lieux et toutes les notions élémentaires propres à former le jugement des enfants.

Art. 14. Les travaux manuels consistent en travaux de couture, de tricot, de parfilage et autres appropriés aux localités.

Art. 15. Le chant comprend les premiers principes de la musique vocale, soit d'après la méthode de M. Duchemin-Boisjousse[1], soit d'après les autres méthodes qui pourraient être ultérieurement autorisées.

Art. 16. Les leçons et les exercices religieux et moraux commencent et finissent par une courte prière ; ils ont lieu, dans les salles d'asile publiques, de dix heures du matin à midi et de deux heures à quatre heures.

Art. 17. Les exercices corporels se composent de marches, d'évolutions et de mouvements hygiéniques exécutés en mesure par tous les enfants à la fois, dans la salle et dans le préau. Ils se composent aussi, pendant les récréations, de jeux variés selon l'âge des enfants, organisés autant que possible et, dans tous les cas, surveillés par la directrice.

Art. 18. Il est interdit de surcharger la mémoire des enfants de dialogues ou scènes dramatiques destinés à figurer dans des solennités publiques.

Art. 19. Les directrices de salles d'asile doivent veiller à tous les besoins physiques, moraux et intellectuels des enfants, à leur langage et à leurs habitudes dans toutes les circonstances de la journée ; elles s'assurent que la femme de service ne leur donne, sous ce rapport, que de bons exemples.

TITRE III.

Du local et du mobilier.

Art. 20. Il y a dans chaque salle d'asile plusieurs rangs de gradins, au nombre de cinq au moins et de dix au plus. Ces gradins doivent garnir toute l'extrémité de la salle.

Il est réservé, au milieu et de chaque côté de ces gradins,

1. Cette méthode a été publiée chez Delalain, imprimeur de l'Université.

un passage destiné à faciliter le classement et les mouvements des enfants.

Des bancs fixés au plancher sont placés dans le reste de la salle, avec un espace vide au milieu pour les évolutions.

Dans la salle destinée aux repas, des planches sont disposées le long des murs, et des patères ou crochets sont fixées au-dessous pour recevoir les paniers des enfants et les divers objets à leur usage. Chaque planche est divisée, par une raie, en autant de cases qu'il y a d'enfants. Des numéros, correspondants aux numéros des paniers, sont peints au-dessous de chaque case.

Des lieux d'aisances, distincts pour chaque sexe, sont placés de manière à être facilement surveillés; ils doivent être aérés et disposés de telle sorte qu'il ne résulte de leur voisinage aucune cause d'insalubrité pour l'asile. Le nombre des cabinets est proportionné à celui des enfants. Chaque cabinet doit être clos par une porte sans loquet, ayant au plus soixante-dix centimètres de hauteur, et retombant sur elle-même.

La cour doit être spacieuse. Le sol en est battu et uni.

Art. 21. Le mobilier des salles d'asile se compose de lits de camp sans rideaux ou de hamacs; d'une pendule; d'un boulier-compteur à dix rangées de dix boules chacune; de tableaux et de porte-tableaux; d'une planche noire sur un chevalet et de crayons blancs; d'un porte-dessin; de plusieurs cahiers d'images renfermés dans un portefeuille; d'une table à écrire garnie d'un casier pour les registres; d'une grande armoire; de petites ardoises en nombre égal à celui des enfants et de leurs crayons; d'un poêle; d'une grande fontaine ou d'un robinet alimenté par une concession d'eau, se déversant sur un grand lavabo à double fond; d'autant d'éponges qu'il y a d'enfants dans la salle d'asile; enfin, de tous les ustensiles nécessaires aux soins des enfants et à la propreté du service; d'un claquoir et d'un sifflet.

Art. 22. Les salles et préaux sont nettoyés et balayés tous les matins, au moins une demi-heure avant l'arrivée des enfants.

Le balayage est renouvelé après le repas et après la sortie des enfants. Le feu est allumé dans les poêles du préau et de la classe une heure avant l'entrée des enfants.

Le préau est éclairé dès la chute du jour et aussi longtemps qu'il y reste des enfants.

TITRE IV.

Dispositions générales.

Art. 23. Les directrices de salles d'asile publiques tiennent:

1° Un registre sur lequel sont inscrits les noms et la demeure des enfants admis provisoirement, le nom du médecin qui a délivré le certificat prescrit par l'article 10 du décret du 21 mars 1855[1], la date du jour où il a été provisoirement admis ;

2° Un registre sur lequel sont inscrits, jour par jour, sous une même série de numéros, les noms et prénoms des enfants admis définitivement, les noms, demeure et profession des parents ou tuteur, et les conventions relatives aux moyens d'amener ou de reconduire les enfants ;

3° Un registre sur lequel le médecin inscrit ses observations ;

4° Un registre sur lequel les dames patronesses chargées de la surveillance de la salle d'asile inscrivent leurs remarques sur la tenue de l'établissement au moment de leur visite;

5° Un registre de présence des enfants.

Art. 24. Il est interdit aux directrices, sous-directrices, ainsi qu'aux femmes de service, d'accepter des parents aucune espèce de cadeaux.

Art. 25. La femme de service est choisie, dans chaque salle d'asile, par la directrice, avec l'approbation du comité local de patronage; elle est révoquée dans la même forme.

Art. 26. Les salles d'asile publiques sont ouvertes aux personnes qui désirent les visiter.

Art. 27. Il y a, dans chaque salle d'asile, un tronc destiné à recevoir les dons de la bienfaisance publique.

La clef du tronc est déposée entre les mains de l'une des dames patronesses chargées de la surveillance de la salle d'asile.

L'emploi des deniers déposés dans ce tronc est réglé par le comité local de patronage.

Art. 28. Un règlement, fixant l'emploi du temps pour chaque jour de la semaine dans les salles d'asile, est arrêté par le comité local de patronage[2].

Un exemplaire de ce règlement est toujours affiché dans la salle d'exercice.

Fait à Paris, le 22 mars 1855.

H. Fortoul.

1. Aux termes de l'article 10 du décret du 21 mars 1855, les enfants admis dans les salles d'asile publiques doivent être porteurs d'un certificat délivré par un médecin, constatant qu'ils ne sont atteints d'aucune maladie contagieuse et qu'ils ont été vaccinés (voyez page 11).

2. Ce règlement varie naturellement suivant les usages des localités. Il ne pourrait être fait à cet égard un règlement général.

VI.

Instruction du ministre de l'instruction publique et des cultes aux préfets, relative à l'exécution du décret du 21 mars 1855 et de l'arrêté du 22 mars 1855 concernant les salles d'asile (18 mai 1855).

Monsieur le préfet, je vous adresse, avec les rapports qui ont été présentés à l'empereur et à l'impératrice, le décret du 21 mars dernier sur l'organisation des salles d'asile et le règlement concernant le régime intérieur de ces établissements [1].

Autorités préposées à la direction de l'institution des asiles. — Le système général des salles d'asile est aujourd'hui complété [2]. Au sommet, le comité placé sous les auspices de S. M. l'impératrice représente avec éclat, pour la France entière, les intérêts permanents de l'institution. Deux dames, déléguées générales, sont chargées de porter sur tous les points de l'empire la pensée de ce comité : investies de la haute mission de maintenir dans l'ensemble du service des salles d'asiles l'unité de vues et de direction, elles sont envoyées par le ministre partout où leur présence est jugée nécessaire; organe spécial de l'administration supérieure, elles ne prennent point de décisions par elles-mêmes, mais elles communiquent au ministre tous les renseignements qui peuvent provoquer d'utiles réformes et éclairer les délibérations du comité central.

Ce n'est pas tout : le décret du 21 mars décide que le ministre peut instituer, selon les besoins du service, dans chaque académie, une inspection qui s'étend sur les salles d'asile de la circonscription : les dames déléguées spéciales adressent au recteur de l'académie des rapports que ce haut fonctionnaire transmet au ministre, avec ses propres observations; elles correspondent directement avec les comités locaux de patronage, et peuvent être invitées par les présidents de ces conseils à leur prêter l'appui d'une expérience éprouvée. Chargées de veiller à l'application des règlements et au maintien de la méthode, elles inspectent assidûment les salles d'asile de leur ressort, assistent aux examens des aspirantes au brevet d'aptitude, et, toutes les fois qu'elles en trouvent l'occasion, confèrent de l'état des établissements confiés à leur surveillance avec les dames déléguées générales.

Tel est, indépendamment des comités locaux dont il sera

1. Voyez le décret du 21 mars, page 8, et l'arrêté du 22 mars, page 25.

2. Voyez, page 12, les articles 14 à 18 du décret du 21 mars 1855, relatifs à la surveillance et à 'inspection des salles d'asile.

parlé ultérieurement, l'ensemble des autorités particulièrement préposées à la marche de l'institution à laquelle un auguste patronage est venu donner une consécration éclatante.

Caractère de l'institution. — Il n'est pas nécessaire d'insister auprès de vous, monsieur le préfet, sur la nature et le but de cette institution. Les rapports à l'empereur et à l'impératrice vous ont fait suffisamment connaître la pensée du gouvernement. J'attire seulement votre attention sur ce point capital, que les salles d'asile, selon les termes de l'article 1er du décret, sont, avant tout, des établissements d'*éducation.*

Ce seul mot résume un ensemble d'idées que, dans la création et dans la direction des asiles, il est très-important de ne jamais perdre de vue. D'un côté, on ne saurait, sous peine d'en altérer essentiellement le caractère, confondre les salles d'asile avec cette classe d'établissements qui, uniquement destinés à soulager les besoins physiques, sont rangés, à juste titre, parmi les établissements d'*assistance :* ma circulaire en date du 31 octobre dernier[1] vous a fait connaître que vous devez considérer l'institution des asiles comme la base de notre

1. « Les salles d'asile, que S. M. l'impératrice a bien voulu honorer de son patronage, ne sont pas seulement des refuges destinés à préserver les jeunes enfants des dangers physiques et à procurer aux parents pauvres la liberté du travail ; elles sont aussi, et surtout, des établissements d'éducation. Elles forment toute une institution qui a pour but d'assurer à l'enfance la première éducation religieuse et intellectuelle partout où la famille ne sait pas, ne peut pas ou ne veut pas la donner.

« Vous avez beaucoup à faire, monsieur le préfet, pour que le nombre des salles d'asile soit proportionné aux besoins des populations, et pour que ces précieux établissements soient substitués peu à peu aux garderies, où l'incurie des parents entasse trop souvent de pauvres êtres dont le corps s'étiole en même temps que leur âme risque de se flétrir. Veillez aussi avec le soin le plus attentif à ce que les salles d'asile ne viennent point, par une fausse direction, à dégénérer en écoles. Toutes mes recommandations se résument en ces mots : Créer la salle d'asile partout où elle peut être utile, et partout où elle existe y faire pratiquer la méthode, c'est-à-dire cet ensemble de procédés que l'étude de la nature et des besoins de l'enfant a fait connaître, dont l'usage a démontré la puissante efficacité, et qu'on ne pourrait négliger sans porter atteinte à l'institution même. L'expérience et les études spéciales des inspecteurs de l'instruction primaire vous permettront de diriger facilement cet important service. Je n'ai pas besoin de vous le recommander plus longuement. La haute protection sous laquelle il est placé est un témoignage assez éclatant de l'intérêt que le gouvernement y attache. Vous devez le considérer comme la base de tout notre système d'enseignement primaire. » (*Instruction aux préfets*, 31 octobre 1854.)

système d'enseignement primaire. D'un autre côté, il importe essentiellement de ne point changer les refuges de la première enfance en établissements d'instruction proprement dite, de ne point transformer la salle d'asile en école. Donner dans la salle d'asile un enseignement technique et complet serait, en premier lieu, changer en leçons fastidieuses pour un si jeune âge d'attrayants exercices; rendre à la mémoire seule, dans l'asile, ce qu'on a voulu y donner à l'intelligence; consacrer à un travail purement machinal un temps qu'il importe de mettre à profit pour le développement de l'esprit et du cœur, pour la culture de facultés délicates, pour les premières et faciles études du chant, pour l'acquisition de cette foule de notions utiles qui, grâce à un système bien conçu d'interrogations habilement conduites, pénètrent sans effort dans l'intelligence des enfants. Ensuite, ne faudrait-il pas craindre que, les petits élèves possédant tant bien que mal, au sortir de l'asile, les connaissances indispensables, un grand nombre de parents se crussent autorisés à leur imposer, dès l'âge de sept ans, ces travaux prématurés qui, dans les centres industriels, sont trop souvent funestes au développement physique des enfants et multiplient en même temps, pour eux, les causes d'une corruption précoce? Il convient donc que la salle d'asile précède l'école, qu'elle y prépare et qu'elle y conduise; mais il serait fâcheux peut-être qu'elle en tînt lieu. Telle est la pensée qui a présidé à la rédaction de l'article 1er du décret et des articles 8, 9, 10, 11, 12 et 13 du règlement concernant le régime intérieur. Les autorités préposées à la direction des salles d'asile doivent veiller scrupuleusement à ce qu'elle ne soit jamais méconnue.

Comités locaux de patronage. — Au reste, pour tout ce qui tient à cette direction intellectuelle et morale des salles d'asile, monsieur le préfet, le décret vous a préparé des auxiliaires très-actifs, et, je n'en doute pas, très-utiles, en vous appelant à instituer, dans chaque commune où il existe de ces précieux établissements, un comité local de patronage.

Ces comités, où la religion, l'administration et la charité maternelle auront leurs représentants, sont appelés à jouer un rôle considérable dans l'organisation générale des salles d'asile. Chacun d'eux, image du comité central institué auprès du ministère de l'instruction publique, aura, dans l'étendue de sa juridiction, à exercer des droits et à remplir des devoirs analogues à ceux qu'exerce et que remplit le comité supérieur pour la France entière, et qui se résument dans ces mots : *protection des salles d'asile.* Recueillir les offrandes en faveur des établissements du ressort; pourvoir au bon emploi des fonds alloués par la commune, le département ou l'État;

veiller au maintien des méthodes, à la direction intelligente de l'enseignement; s'assurer des résultats de l'éducation reçue dans l'asile par des visites régulières, telles seront les attributions des dames qui voudront bien, sous la direction du maire, et avec la coopération du curé de la paroisse, mettre en commun les inspirations de leur charité.

Ces comités ne resteront point isolés. D'un côté, ils correspondront avec les dames déléguées par le ministre pour l'inspection des salles d'asile de l'académie; de l'autre, ils se rattacheront au comité central, avec lequel ils devront se tenir en communication permanente et de qui ils recevront une haute et salutaire impulsion. Tout ce qui intéresse les asiles de la circonscription devra naturellement les préoccuper, en sorte que, dans les réunions qui devront avoir lieu tous les mois, il sera toujours possible à MM. les maires de soumettre aux délibérations des dames réunies sous leur présidence des objets dignes d'un véritable intérêt. Les présidents, lorsqu'ils le jugeront utile, transmettront les résultats de leurs délibérations au comité central de Paris. Ce dernier, on peut en avoir l'assurance, s'empressera de mettre à profit, dans l'intérêt général de l'œuvre, les avis et les renseignements qui paraîtraient renfermer le germe d'améliorations sérieuses et de sages progrès.

Vous le voyez, monsieur le préfet, les comités locaux formeront un rouage très-important dans l'ensemble du système des salles d'asile; à vrai dire, ils seront le nerf de l'institution. Partout où les comités fonctionneront avec régularité, le gouvernement pourra être assuré que la pensée de l'administration, sérieusement comprise, sera appliquée avec cet esprit de suite qui garantit le succès.

J'attire donc sur ce point fondamental votre attention toute particulière; les éléments de la création des comités sont réunis autour de vous; ces comités devront naturellement être composés de dames que leur position sociale met en mesure d'exercer, au profit des salles d'asile, une salutaire influence.

Ces dames, je n'en doute pas, n'hésiteront point à accepter l'intéressante mission que vous serez heureux de leur offrir au nom du gouvernement et de l'auguste protectrice de l'institution des asiles. Votre appel sera promptement entendu, puisqu'il s'adressera au dévouement et à ces sentiments généreux toujours éveillés dans le cœur des mères. Assurément, il vous sera facile de faire comprendre aux dames dont vous aurez à réclamer le concours que l'esprit et la grâce sont les meilleurs auxiliaires de la charité.

Le nombre des membres de chacun des comités de patronage n'est pas fixé par le décret du 21 mars. Vous avez donc toute liberté d'action. Vous prendrez conseil des circonstances, à cet égard. Vous tiendrez compte naturellement et du nombre des asiles établis dans le ressort, et des éléments que vous vous croyez assuré de pouvoir mettre activement en œuvre. Quelle que soit votre détermination, le point capital c'est que chacune des dames qui voudront bien accepter le titre de membre du comité soit fermement résolue à revendiquer en même temps sa part sérieuse de responsabilité et d'action.

Vous voudrez bien vous occuper immédiatement de la formation des comités locaux; vous me rendrez compte, dans les premiers jours du mois de juin, du nombre des comités formés dans votre département et des résultats que vous êtes légitimement fondé à attendre de la nouvelle organisation.

Commissions d'examen. — Le décret vous a chargé en outre, monsieur le préfet, de la formation de la commission d'examen appelée à constater l'aptitude des personnes qui aspirent à diriger les salles d'asile. Les membres de cette commission, aux termes de l'article 27, doivent être nommés par vous, pour trois ans, sur la proposition du conseil départemental. Vous voudrez bien ne pas différer de procéder à cette désignation. Le conseil départemental, j'en ai l'assurance, présentera à votre nomination des personnes qu'une expérience réfléchie mettra à même de pouvoir prononcer sur l'aptitude des aspirantes.

Salles d'asile modèles. — Je compte, monsieur le préfet, sur votre initiative pour seconder, par tous les moyens en votre pouvoir, l'intérêt que le gouvernement attache à la propagation des salles d'asile dans votre département. Ce n'est pas seulement à multiplier le nombre de ces établissements que vous devez vous appliquer, c'est aussi à rendre plus sensibles, aux yeux des populations, les bienfaits de l'institution même, en améliorant les salles d'asile existantes. Et ici, veuillez le remarquer, le décret du 21 mars est venu directement à votre aide en créant un moyen d'encouragement que vous ne manquerez pas de signaler à l'attention des directrices. Aux termes de l'article 8, le titre de *salle d'asile modèle* pourra être conféré par le ministre, sur la proposition du comité central, à celles des salles d'asile dont les directrices se seront rendues dignes d'une marque particulière de distinction. Les droits à cette faveur résulteront de la continuité des soins donnés aux enfants, de l'emploi judicieux et intelligent des meilleurs moyens d'éducation et de premier enseignement, de l'entretien attentif du mobilier. Le titre de *salle d'asile modèle* sera aussi une consécration des efforts accomplis par les autorités municipales, car les déléguées spéciales ne pourront le solliciter qu'en faveur des établissements dont les dispositions matérielles ne donneront prise à aucune critique.

Certificat de stage. — Il ne faut pas l'oublier, d'ailleurs, à ce titre de *salle d'asile modèle* est attaché un privilége qui n'est pas sans importance. C'est sur la déclaration de la directrice de l'établissement modèle qu'après ratification du comité local de patronage, l'inspecteur d'académie (art. 31) délivrera le certificat du stage créé par l'article 26 du décret; or, ce certificat donnera le droit, d'un côté, de diriger, dès l'âge de vingt et un ans, une salle d'asile ne recevant pas plus de quarante enfants; de l'autre, d'être nommée, dès l'âge de vingt ans, sous-directrice dans une salle d'asile publique.

Il est facile de comprendre tout l'intérêt que présentera l'acquisition d'un tel certificat pour les jeunes personnes qui se destinent à la carrière de l'enseignement dans les salles d'asile. Et les directrices, je n'en puis douter, attacheront une sérieuse importance à la conquête d'un titre qui, en leur conférant des droits, fera peser sur elles une véritable responsabilité.

Vous le voyez, monsieur le préfet, dans le décret préparé par la haute raison des dames qui, au sein du comité central, mettent au service de l'œuvre des salles d'asile l'autorité de noms illustres, rien de ce qui pouvait contribuer à la prospérité de l'institution des salles d'asile n'a été oublié. Aucun des vœux qui avaient pu être dictés par l'expérience et suggérés par l'observation des faits n'a été méconnu. Je compte sur votre concours le plus empressé pour seconder l'action bienfaisante de l'administration supérieure, et pour m'aider à rendre l'institution des asiles de plus en plus digne de l'auguste patronage sous lequel elle est aujourd'hui placée.

Recevez, etc.

Paris, le 18 mai 1855.

Le ministre de l'instruction publique et des cultes,

H. Fortoul.

VII.

Instruction du ministre de l'instruction publique et des cultes aux recteurs, relative à l'exécution du décret du 21 mars 1855 et de l'arrêté du 22 mars 1855 concernant les salles d'asile (16 juin 1855).

Monsieur le recteur, je vous communique, avec le décret du 21 mars sur l'organisation des salles d'asile et le règlement concernant le régime intérieur de ces établissements, les instructions que j'ai adressées à MM. les préfets à la date du 18 mai dernier[1].

Ces instructions vous feront connaître la pensée de l'administration supérieure sur l'ensemble du système des salles d'asile. Mais il est quelques points sur lesquels je dois attirer votre attention spéciale : qu'il s'agisse du degré élémentaire, du degré secondaire ou du degré supérieur, vous ne cessez jamais, ne l'oubliez pas, d'être, dans l'étendue de votre ressort académique, le magistrat de l'enseignement.

Les instructions aux préfets ont révélé toute l'importance que, dans l'intérêt des salles d'asile, j'attache aux fonctions de MMmes les déléguées spéciales. Par une intelligente et quotidienne intervention de leur part, la méthode pourra se maintenir et se perfectionner ; par elles, se répandront jusque dans les plus petites villes ces traditions précieuses qui, puisées au sein de l'établissement central où l'esprit de la salle d'asile se perpétue en se renouvelant (art. 8 du décret), doivent demeurer la règle et assurer l'avenir de l'institution elle-même.

Or, c'est sous votre autorité, monsieur le recteur, que le décret du 21 mars a placé celle de ces dames chargées d'inspecter les salles d'asile de votre ressort académique. C'est à vous qu'est confié le soin de déterminer les tournées de Mme la déléguée spéciale et d'en régler l'itinéraire. Vous ne négligerez rien pour n'agir, à cet égard, qu'en parfaite connaissance de cause ; les renseignements que vous présenteront MM. les inspecteurs d'académie et Mme la déléguée elle-même vous seront, sur ce point, d'un indispensable secours ; et veuillez vous pénétrer de cette pensée : il importe au plus haut degré que les sacrifices consentis par l'État pour chacune des tournées soient compensés et au delà par des résultats positifs.

C'est pour constater ces résultats que Mme la déléguée, à part les communications auxquelles des circonstances imprévues pourraient donner lieu, devra vous adresser chaque année, à la fin d'avril, un rapport général sur la situation du service des salles d'asile dans toute l'étendue du ressort. Ce rapport contiendra des détails précis : 1° sur l'action exercée par les comités locaux de patronage ; 2° sur le personnel des maîtresses (aptitude, pratique de la méthode, dispositions morales, conduite) ; 3° sur le personnel des aspirantes au brevet d'aptitude (leur nombre, manière dont elles se préparent, ou résultats de l'examen) ; 4° sur l'état matériel des salles d'asile (salubrité des locaux, préaux, mobilier, etc.) ;

1. Voyez le décret du 21 mars, page 8 ; l'arrêté du 22 mars, page 25 ; la circulaire du 18 mai aux préfets, page 31.

5° sur les créations réalisées ou projetées dans le cours de l'année ; 6° sur l'influence morale et pédagogique des salles d'asile du ressort.

Ce rapport, rédigé en double expédition, pourra être présenté par vous, monsieur le recteur, au conseil académique dans sa session de juin; et, avant de m'en transmettre le double (dans les derniers jours de juin), vous aurez à y puiser la matière d'observations que vous devrez adresser, sur l'état du service des salles d'asile, à chacun de MM. les inspecteurs académiques. Vous ne manquerez pas de me faire part du caractère de ces observations et des résultats que vous êtes en droit d'en attendre.

Le rapport général de Mme la déléguée ne la dispense, au reste, en aucune façon, d'envoyer à chacun des inspecteurs d'académie le rapport spécial sur les asiles du département, dont il est fait mention au dernier paragraphe de l'article 17 du décret[1].

Je signale très-expressément à vos soins, monsieur le recteur, tout ce qui a rapport à la direction morale et intellectuelle des salles d'asile. En veillant avec sollicitude sur les premiers développements des jeunes enfants qui y sont admis, c'est la cause générale de l'instruction primaire que vous êtes appelé à servir. Quand toutes les salles d'asile de votre ressort donneront le salutaire exemple de cette méthode régulière et rationnelle par laquelle le jugement est exercé, l'intelligence éveillée, le sens moral affermi, toutes les facultés mises en jeu, les écoles primaires elles-mêmes participeront des résultats qui se seront manifestés au-dessous d'elles ; au développement des premières correspondra nécessairement l'élévation des secondes. Comment admettre qu'en regard des excellents procédés usités dans l'asile, la routine et l'imperfection des méthodes puissent se perpétuer dans l'école? Le progrès de l'une est donc le point de départ et la cause la plus active du progrès de l'autre ; et c'est en ce sens que, selon les termes de ma circulaire, en date du 31 octobre 1854, les salles d'asile doivent être considérées désormais « comme la base de tout notre système d'enseignement primaire. »

Recevez, monsieur le recteur, l'assurance de ma considération très-distinguée.

Paris, le 16 juin 1855.

Le ministre de l'instruction publique et des cultes,

H. FORTOUL.

1. Aux termes de l'article 17 du décret du 21 mars 1855, les déléguées spéciales envoient à chaque inspecteur d'académie un rapport spécial sur les salles d'asile du département (voyez page 15).

VIII.

Arrêté du ministre de l'instruction publique et des cultes, relatif aux traitements des déléguées spéciales pour l'inspection des salles d'asile (9 juillet 1855).

Le ministre secrétaire d'État au département de l'instruction publique et des cultes,

Vu l'article 17 du décret, en date du 21 mars 1855[1],

Arrête :

Art. 1er. Les déléguées spéciales pour l'inspection des salles d'asile sont partagées en trois classes.

La classe est attachée à la personne et non à la résidence.

Les personnes appelées pour la première fois aux fonctions de déléguées spéciales sont nécessairement de la dernière classe.

Art. 2. Les traitements affectés à chaque classe sont fixés ainsi qu'il suit :

Cinq déléguées spéciales de 1re classe, à 2,000 fr.;
Cinq déléguées spéciales de 2e classe, à 1,800 fr.;
Six déléguées spéciales de 3e classe, à 1,600 fr.

Fait à Paris, le 9 juillet 1855.

H. Fortoul.

IX.

Arrêté du ministre de l'instruction publique et des cultes, relatif aux frais de tournée des déléguées spéciales (14 août 1855).

Le ministre secrétaire d'État au département de l'instruction publique et des cultes,

Arrête :

Art. 1er. Les frais de tournée de mesdames les déléguées

1. Voyez, page 15, l'article 17 du décret du 21 mars 1855.

spéciales pour l'inspection des salles d'asile, hors du lieu de leur résidence, seront liquidés d'après les bases ci-après :

1° Six francs par chaque jour d'absence de la résidence ;

2° Quatre francs par myriamètre parcouru.

Art. 2. Au commencement de chaque tournée, une avance de trois cents francs sera mise à la disposition de chaque dame déléguée, sur la proposition du recteur de l'académie.

Le solde des frais sera payé sur la production d'un état, en double expédition, visé, arrêté et transmis au ministre par le recteur de l'académie.

Paris, le 14 août 1855.

H. FORTOUL.

On trouve à la même librairie.

Programme des examens pour le certificat d'aptitude de directrice et de sous-directrice de salle d'asile ; in-12.

Lois sur l'enseignement des 15 mars 1850, 9 mars 1852 et 14 juin 1854, suivies des principaux règlements rendus pour leur exécution ; in-18.

Lois sur l'enseignement des 15 mars 1850, 9 mars 1852 et 14 juin 1854, combinées entre elles et accompagnées de notes explicatives, par *M. J. Delalain* ; in-12.

Annales législatives de l'instruction primaire, Collection complète des lois, décrets, arrêtés, circulaires, décisions, etc., relatifs à l'instruction primaire, publiés du 15 mars 1850 au 1er janvier 1855, précédés des actes non abrogés par la loi du 15 mars 1850, et suivis de tables chronologique et analytique ; 5 vol. in-8°. — L'année courante (1855) est publiée par livraisons mensuelles.

Méthode élémentaire de musique vocale, mise à la portée des enfants à l'aide d'un nouveau mode d'enseignement, par *M. Duchemin-Boisjousse*, délégué spécial pour l'enseignement du chant dans les salles d'asile de Paris ; ouvrage prescrit pour les salles d'asile et autorisé pour les écoles primaires : 2e édition ; 2 parties en 1 vol. grand in-8°.

Tableaux élémentaires de musique vocale, à l'usage des salles d'asile et des écoles primaires, servant d'application à la Méthode de musique vocale prescrite pour les salles d'asile et autorisée pour les écoles primaires, par *M. Duchemin-Boisjousse*, délégué spécial pour l'enseignement du chant dans les salles d'asile de Paris ; 4 feuilles grand format.

www.ingramcontent.com/pod-product-compliance
Ingram Content Group UK Ltd.
Pitfield, Milton Keynes, MK11 3LW, UK
UKHW021030180726
13838UKWH00004B/1702